大展好書 ✕ 好書大展

原地太極拳系列 ②

原地活步
太極拳 42 式

胡 啟 賢／創編

大展出版社有限公司

　　胡啟賢現年 70 歲，原籍安徽省固鎮縣，供職於固鎮縣民政局，1991 年退休。

　　曾先後患心臟病、高血壓、胃潰瘍、類風濕關節炎等多種疾病，於「病入膏肓」求醫無望之際，抱一線希望習練太極拳，竟於不知不覺中諸病皆癒，且白髮變黑。

　　此後連續十幾年自費到北京拜門惠豐為師，潛心研習太極拳。

　　因每遇天氣惡劣無場地練功時，便坐臥不安，漸萌發奇思，歷時六年，經千萬次試練，終於創編了不受場地限制的「原地太極拳」。在中央電視台播出後，立即引起各界關注和喜愛。

序

　　胡啟賢先生，原安徽省固鎮縣幹部，50 年代因工作積勞過度，身患十餘種疾病，多方投醫，臨床用藥，療效不佳，身體極度衰竭，生命危在旦夕。無奈之際，在家人攙扶之下，參加了縣舉辦的「四十八式太極拳」學習班，磨練太極拳功法，漸見功效，能進食，渾身有勁，由長臥而起，行走便利，能生活自理；多年堅持鍛鍊，病症皆消，身體得到康復。

　　太極拳在他身上顯現了神奇功效，是太極拳給了他第二次生命。

　　此後，他千里迢迢，來北京投師，向我深求太極拳功理功法，技藝大進。如今，他年過七旬，身體魁梧健壯。為實現「個人得福，眾人受益」的宗旨，他走向社會義務教拳，從學者千餘人次。很多病患者，堅持跟他練拳，身體得到康復。為普及群眾性太極拳活動，他精心創編了「原地太極拳」系列拳法，並整理出版，可喜可賀，望讀者喜練太極拳，終身受益。

北京體育大學教授　門惠豐

一九九九年元月

目　　錄

原地活步太極拳（42式）簡介

這套拳是仿照國家推廣的「孫式太極拳」競賽套路的功法、拳架創編的。因爲它可在原地演練，整套42個拳式又基本上是在活步中完成的，所以稱之爲「原地活步太極拳」。

此拳的編寫創意是：1.以演練者爲中心，向八方各邁一步，即可做爲演練場地（詳見場地示意圖）；2.運動路線採取前後進退、左右往返、四隅相串和中心旋轉的方式；3.運用上步即跟、退步即撤、進退相隨的步伐；4.動作姿勢按左右對稱編排；5.將太極拳與氣功融爲一體；6.動作姿勢借鑑中有創新。

這套拳具有以下的特點：

1.不受場地限制，在庭院、室內均可演練，既方便省時、又可使演練者免受風雨寒暑和蚊蟲叮咬之苦，易於堅持不輟。

2.內容充實，結構嚴謹，布局合理，分段轉承自然，氣勢完整，動作左右均等，能使身體得到全面平衡的鍛鍊。

3.太極拳與氣功有機地結合，使兩者的健身醫療作用相得益彰。

4.動作比較簡單，易敎、易學、易練。全套演練一遍只需5~6分鐘，適宜不同年齡、不同體質、不同職業的人演練。由於不需要較大的場地，也爲機關、廠礦、學校等集體演練提供了便利。

5.本套拳法步法靈活，虛實分明，段與段之間多用「開合手」承接，氣感強，加之動作與呼吸配合，能使氣血暢通，健身醫療收效快。

6.　原地練法獨特，拳勢造型別緻，動作舒展圓活，輕緩而敏捷，加之原地演練，能充分發揮太極拳劃弧、螺旋（纏絲）運動的特點，從而能激發練拳者的意趣，使演練者在輕鬆自如的運動中收到良好的健身醫療效果。

　　此套拳與作者以前創編的「原地綜合太極拳（24式）」有些拳勢的名稱雖然相同，但兩者的練法和動作姿勢卻有所不同，能給人不同的藝術享受。

動作要點與習練須知

1.　步法靈活，虛實分明，是練好這套拳的關鍵。在演練中兩腳要隨著重心移動，上步就跟步，退步就撤步（包括微上、退、撤），做到進退相隨。一些橫向運動的拳勢，如「單鞭」「雲手」等，兩腳也要與重心移動協調一致，不能停滯，更不能出現「死步」。兩腳虛實變換只能漸變，不能突變：即上步要腳跟先著地，退、撤步要前腳掌先著地，然後全腳慢慢踏實。

2.　整套拳除了起勢開始和收勢結束身體可以直立外，其他都要兩腳分清虛實，坐胯屈膝運動（屈膝高度可在大腿與地面約成 45°～60° 斜角之間，因人而異；屈膝的膝蓋與腳尖應成垂直線）。在運動中除了少數拳勢動作（如蹬腳等）身體可以有明顯起伏；做「白鷺覓食」「踐步打捶」上體可以前俯外，其餘都要上身中正，保持身高大體一致。進、退、跟、撤步及震腳要保持身體重心平穩。

3.　「開合手」是這套太極拳的重要組成部分。做「開合」時，要按「動作說明」的要求演練。

4.　動作與呼吸配合，對增強太極拳的健身醫療作用常和提高拳技是很重要的。初學階段，只求呼吸自然（平時通的呼吸），動作熟練後，可以根據動作的開、合、虛、實，有意識地引導呼吸與動作配合。它的一般規律是：動作趨向定式呼氣，換式動作（上一式至下一式的過渡動作）吸氣，個別運動路線長的動作可輔以短暫的自然呼吸。待動作更加嫻熟後，可採用「腹式逆呼吸」（拳勢呼吸）：即呼時小腹外

突，吸時小腹內收（氣沉丹田）。 但不論採用哪種呼吸方法，都要使呼吸深、長、細、勻，通順自然，不可勉強屏氣。否則，就難以達到練拳要「用意不用力，以氣助力」和「以氣潤身」的要求。

5. 要「意領身行」，以腰為軸帶動四肢弧線螺旋運轉，不要聳肩、揚肘和直臂（直臂撩拳例外）。要運用四肢的劃弧旋轉，尤其是兩手臂的旋轉（拇指尖向外旋，稱外旋，反之稱內旋）所產生的螺旋（纏絲）勁，及兩手在運動中手掌撥動空氣產生的作用力，加上用碾腳步法減少腳與地面摩擦力的作用，來助腰轉動，使身體向前、後、左、右轉動輕靈，周身動作協調一致。

6. 因為這套拳是在很小的場地上演練的，又是在場地中心起勢和收勢，所以要按「動作說明」要求的方向、角度演練。需要調整腳的角度時，可運用碾腳步法：即以腳跟為軸，腳尖內扣或外撇；以前腳掌為軸，腳跟內碾或外碾。步子大小以不牽拉身體重心為宜。

7. 預備式中要求的：懸頂豎項，沉肩垂肘，含胸拔背，下頦微內收，斂臀收胯，立身中正，全身放鬆和精神集中等，要貫串整套拳的始終。

8. 第22式「左右下勢二起拍腳」和第27式「左右通背擺蓮腳」，這兩個拳勢的動作有一定難度，初學者和年老體弱者可做單拍腳，擺蓮腳可以拍腿；第31式「轉身右左蹬腳」也可以不轉身，做過分腳就接做蹬腳；第24式「左右白鷺覓食」中俯身按掌的深度要因人而異，尤其是老年和高血壓患者不可強求。

9. 這套太極拳的「摟膝拗步」「攬扎衣」「白鶴亮翅」「提手上勢」「單鞭」「雲手」等拳勢，不能與其他太極拳混淆演練。

10. 練太極拳要力求動作規範，姿勢正確，把握要領，增強悟性，循序漸進，日練不輟，持之以恆。

演練場地示意圖

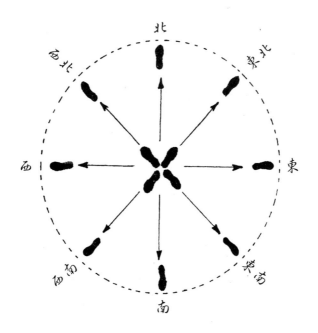

圖例說明

① 場地面積：由中心立足點向八方各邁一步。

② 東西南北四方均可為起勢面向。

③ 運動路線見「動作說明」。

全套動作名稱

一　段

1.　起勢
2.　撞捶開山
3.　推石填海
4.　開合手
5.　左右琵琶勢
6.　擒打封閉勢
7.　開合手

二　段

8.　左摟膝拗步
9.　攬扎衣
10.　開合手
11.　右單鞭
12.　提手上勢
13.　白鶴亮翅
14.　開合手

三 段

四 段

五 段

分式動作說明

圖 1

預備：

　身體自然伸直，兩腳跟相觸（兩腳尖外撇約成 90°），懸頂豎項（頭有上頂之意），沉肩垂肘，含胸拔背（兩肩微前合，下頦微內收），斂臀收胯；手指微屈，自然散開，掌心微含（虎口要保持弧形），兩手的指梢輕貼大腿外側，兩肘微外撐（不要夾肋）；心靜體鬆，精神集中；嘴唇輕輕合閉，鼻吸鼻呼，呼吸自然；眼向前平視（圖 1）。

註：1. 文字說明中，凡有「同時」兩字的，不論先寫或後寫身體某一部分動作，各運動部位都要一齊運動，不要分先後去做。

2．動作的方向是以人體前、後、左、右為依據的，不論怎麼轉變，總以胸對的方向為前，背向的方向為後，身體左側為左，右側為右。

3．本說明是按胸向南方起勢寫的。

4．圖像顯示的方位、角度和圖上畫的動作路線應以文字說明為準（實線 —— 代表右手、右腳；虛線…… 代表左手、左腳）。

5．一勢完成後，動作似停非停即轉做下一勢，不能完全停頓（初學時例外）。

6．其他要點參看「動作要點與練習須知」；個別需要另做說明的拳勢，文字前頭加※符號表示。

圖 2

1．起勢 （胸向南）

左腳尖翹起，以腳跟為軸，腳尖內扣至腳尖向前，全腳落實；同時，兩手臂微外旋，向前上方慢慢拖舉，兩手心斜向上，腕約與胸平，沉肩，肘部微屈，兩前臂和兩手微向內收攏（約與胸寬）；眼看兩手間（圖 2）。

圖 3

2．撞捶開山　（胸向南）

（1）兩手臂微內旋，慢慢下落握立拳（拳眼向上，拳心相對），繼而兩拳臂外旋收至兩胯前，拳心向上，拳眼斜向前；同時，身體重心（以下簡稱重心）移向左腿，屈膝坐胯；右腿屈膝，腳跟提起，以腳尖爲軸，腳跟內碾，在兩拳內收時，右腳向前上步，腳跟著地（圖3）。

圖 4

　　（2）重心前移至右腿，右腳全腳落地慢慢踏實，右腿
屈膝坐胯（以下凡支撐重心的腿都要屈膝坐胯，不再重複
）；同時，兩臂內旋立拳向前慢慢撞擊(不要明
發力，拳眼向上，兩拳相距約 15 公分，高與胸平，兩肘微
肘；左腳與重心前移和撞拳同步，慢慢跟步至右腳後，腳尖
虛著地，兩腳相距及橫向距離約 10 公分；眼看兩拳問（圖
4）。

圖 5

3．推石填海　（胸向南）

（1）左腳後撤，先前腳掌著地，然後全腳慢慢踏實（以下的撤、退步均應如此，下面簡寫撤步或退步），重心移至左腿；同時，兩拳變掌向後弧線回收至胸前，坐腕，掌心向前，指尖向上，手心內含；右腳與收掌同步，向後撤至左腳前，腳尖虛著地；眼平視前方（圖 5）。

圖6

　（2）右腳上步，先腳跟著地，然後全腳慢慢踏實（
以下的上步均應如此，下面簡寫上步），重心移至右腿；同
時，兩掌坐腕前推（　兩掌根高與胸平，肘部微屈，兩掌相
距約 15 公分）；與推掌相隨，左腳跟步，腳尖虛著地（以
下簡稱跟步）；眼看兩掌間（圖6）。

圖7

4. 開合手　（胸向南）

（1）兩手轉掌心相對，稍微向胸前回收，指尖向上，手指微屈，自然散開，手心內含，兩手相距約與臉寬，兩手及前臂上下成梯形；肩下沉，肘下垂並稍外撐，腋下空虛。

（2）兩手向外慢慢分開（意如汽球膨脹），待兩手開至肩寬並有擴胸感時為「開手」。 接著慢慢內含（意如

圖 8

擠壓汽球），兩手合至與臉同寬，背有擴張感時，為「合手」
；眼看兩手間（圖 7、8）。

　　※兩手做「開合」時，肩、臂、肘要隨著開合，腕關節
不要扇動。以下的「開合」手 ，上體動作均應如此，兩腳
的虛實變化，根據文字說明和圖示意。

圖 9

5. 左右琵琶勢 （腳向南）

（1）左腳向後撤步，重心移至左腿；右腳撤至左腳前，前腳掌虛著地，膝稍微上提；同時，兩手再稍微內合，右手前伸，指尖向前，手心向左，臂微屈，腕高約與肩平；左手收至左胯前，手心向右，指尖向前（右肘、膝上下相對；指尖、鼻尖、足尖三尖對齊）；眼看右手（圖9）。

圖 10

（2） 右腳後退一步，左腳微撤，即可做右式。動作
參照左式（圖 10）。

圖 11

6. 擒打封閉勢 （胸向南）

（1）上體微右轉，左腳稍微前移，左手臂外旋稍微前伸，手心向上；同時，右手外旋後收至右腰間握拳，拳心向上（圖 11）。

圖 12

　　（2）　重心前移至左腿，右腳跟步至左腳後；同時，左手內旋握拳屈肘收拳至胸前，拳心向下，拳眼向裡；與其同步，右拳（臂內旋）變立拳經左前臂上向前慢慢衝打，拳眼向上，拳面向前（先握虛拳，向前衝打中漸變實拳，下同）；眼看右拳（此爲擒打勢）（圖 12）。

圖 13

（3）　兩臂外旋，兩拳變掌，手心向上，左右分開，屈
肘，兩手收到距臉約 30 公分，腕高與肩平，兩手相距約
15 公分，指尖向上，手心向裡；同時，右腳撤步，重心移
至右腿；與此同步，左腳撤至右腳前，前腳掌虛著地；接

圖 14

著兩手臂內旋，兩手心轉向外，弧線下落至兩胯前，指尖
斜向上，手心向前下方；左腳前移，腳跟著地，腳尖翹起
眼平視；前方（圖 13、圖 14）。

圖 15

（4）兩手坐腕，向胸前弧線推出，指尖向上，兩手相
距約 15 公分，腕高與胸平，肘微屈；同時，重心移至左腿
，右腳跟至左腳內側（此為封閉勢）；眼看兩手間（圖 15）
。

圖 16

7. 開合手 （胸向東）

動作與第4式「開合手」同，唯兩腳的虛實相反（圖 16、17）。

圖17

圖18

8. 左摟膝拗步 （胸向東）

（1）重心移至右腿，身體微左轉；左腳向左偏北邁一步，腳跟著地；同時，左手向右、向下落至右胸前，手心向下，指尖向右；右手稍下落，向體右側前約45°伸出，手心向上；眼看右手（圖18）。

圖 19

　　（2）身體繼續左轉，左腳尖外撇至腳尖朝東再全腳落地踏實，重心移至左腿，右腳跟至左腳後，腳尖虛著地；同時，右臂屈肘，立掌經耳側前推至右胸前，手心向前，掌根高與胸平，肘部屈沉；左手經腹前摟掌至左胯外側，手心向下，指尖向前；眼看右手（圖 19）。

圖 20

9. 攬扎衣　　（胸向東）

（1）右腳向後撤步，左腿屈膝成左弓步；同時，左手臂微外旋前伸至體前，腕高與肩平，手心斜向右下方，指尖斜向上；右手臂外旋稍下落後收，手心斜向上；眼看左手（圖 20）。

圖 21

　　（2）　重心後移至右腿，左腳撤至右腳前，前腳掌虛著地；同時，兩手一起向下捋至腹前。兩手臂外旋，兩手心向前，指尖斜向下（圖 21）。

圖22

　　（3）左手臂外旋，右手臂內旋，兩手舉至胸前，右手指貼於左腕內側　（左手心向上，右手心向下），兩手一齊前伸；同時，左腳上步，右腳跟步至左腳後，腳尖點地；眼看左手（圖22）。

圖 23

（4）重心移至右腿，左腳尖翹起，以腳跟為軸，腳尖
內扣至腳尖向南，重心移至左腿； 右腳移至左腳內側，腳
掌虛著地，兩腳相距約 15 公分；同時，上體先微左轉再
向右轉90°（胸向南）；左手臂先微外旋，屈肘托掌，手心
向上（右手心向下，手指貼左腕相隨），向左、向後、向內
劃半圓，左臂再內旋，變立掌推至左肩前（沉肩屈肘），手
心向前，指尖向上，右手仍貼於左腕部，手心向左； 眼看
左手（圖 23）。

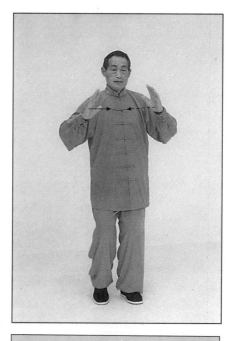

圖 24

10. 開合手 （胸向南）

圖 23，兩手轉手心相對。即可做「開合手」，動作與
第 4 式「開合手」相同，唯兩腳虛實相反（圖 24、25）。

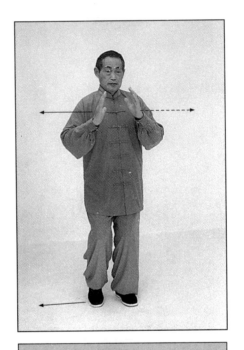

圖25

圖 26

11. 右單鞭 （胸向南）

　　右腳向右橫跨一步，腳尖外擺約 45° 落地，屈膝側弓，重心偏於右腿，左腿自然伸直（上體要中正）；同時，兩手臂內旋，分別向左右慢慢撐開，臂微屈，手心向外，立掌，腕高與肩平（兩肘，膝上下相對）；眼看左手（圖26）。

圖 27

12. 提手上勢 （胸向南）

重心全部移至右腿，左腳收至右腳內側，腳尖點地；同時，右手向左上劃弧至右額前，手心向前，指尖斜向左上方；左手向下、向右劃弧至腹前，指尖向下，手心向左，眼看前方（圖 27）。

圖 28

13. 白鶴亮翅 （胸向南）

（1）右手從額前下落至右胸前，肘貼近肋，手心向前，指尖向上；左手從腹前上提至左額上方，手背靠近額部；同時，左腳往前上步，腳跟虛著地；眼看前方（圖 28）。

圖29

（2）左手向下經臉的左側落至胸前，肘尖下垂，手心向前；右手微上提，兩手同高，指尖向上，兩手坐腕前推，肘微屈，兩手相距約 15 公分；同時，重心移至左腿，隨著兩掌前推，右腳跟步至左腳內側，腳尖著地；眼看兩手間（圖 29）。

圖 30

14. 開合手 　（胸向南）

　　動作與第 4 式「開合手」相同，唯兩腳的虛實相反
（圖 30、31）。

圖 31

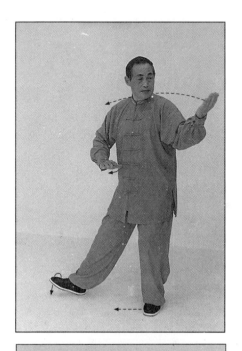

圖 32

15. 右摟膝拗步 （胸向西）

與左勢同，唯手、腳的動作和運動的方向相反（圖 32
、33）。

图 33

圖 34

16. 攬扎衣　（胸向西）

與左勢同，唯手、腳的動作和運動方向相反（圖 34、35、36、37）。

圖 35

圖 36

図 37

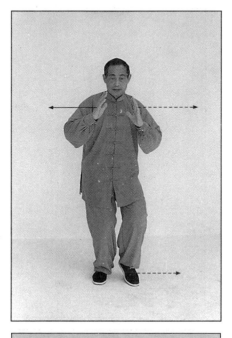

圖 38

17. 開合手　　（胸向南）

　動作與第 4 式的「開合手」相同（圖 38）。

圖 39

18. 左單鞭　（胸向南）

　　與左邊的「右單鞭」同，唯手、腳的動作和運動方向相反（圖 39）。

圖40

19. 提手上勢（右）　（胸向南）

與左勢同，唯手、腳和動作方向相反（圖40）。

圖 41

20. 白鶴亮翅（右）　（胸向南）

與左勢同，唯手、腳的動作相反（圖 41）。

圖 42

21. 開合手 （胸向南）

動作與第 4 式「開合手」相同（圖 42、43、44）。

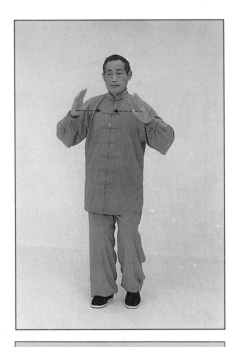

圖 43

圖 44

圖 45

22. 下勢二起拍腳

左下勢二起拍腳 （胸向南）

（1）上體微左轉，左腳後撤，重心移至左腿，右腳微撤，腳掌虛著地，膝和腳跟稍微上提；同時，兩手轉手心

附圖 45

向下，右手先前伸，然後隨著右腳撤步後帶至右腿上方(
膝、肘上下相對)，高與胸平，肘微屈，手心向下，指尖
向前；左手稍向右（經右手下）、向下弧線後收至左胯前
，指尖向前；眼看右手（此為左下勢）（圖 45、附圖 45）。

圖 46

（2）身體稍微下降，右腳再微撤；同時，右手下按，
左手移至體後。

（3）身體稍微上起，左腿微屈站穩；同時，右膝上提
，腳尖下垂；右臂上舉屈肘掛拳於胸前，拳心向裡；左手
握拳，置於左胯旁，拳心向後（圖46）。

圖47

（4）左腿屈膝，身體下降，隨即右小腿上擺；右拳
（臂）內旋變掌，向前、向下、向後、向上劃弧舉於體右
側上方； 同時，左腳蹬地使身體向上騰空，在右腳未落
地之前，左腿迅速向前上方踢擺（腿伸直，腳面繃平 ）；
左拳變掌由後向前上方迎拍左腳面。隨後腳手落到原位，
恢復下勢姿勢；眼看右手（圖47、48）。

圖 48

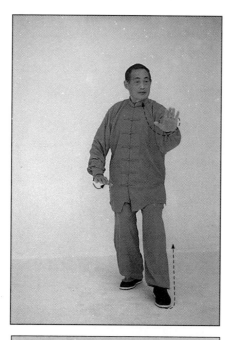

圖49

右下勢二起拍腳　（胸向南）

　右腳後退一步，重心移至右腿；左腳撤步，前腳掌虛
著地，膝和腳跟微上提；同時，左手前伸，手心向下，指
尖向前（左肘、膝上下相對）；右手收至右胯前，手心向下
（此爲右下勢）；眼看左手（圖49）。

圖 50

圖 51

圖 52

　　上式似停非停接做二起拍腳。動作參照左勢（圖 50、
51、52）。

圖 53

23. 左右金雞獨立

左金雞獨立　　（胸向前）

（1）　左腳稍微向前移步，左腿屈膝前弓，重心移向左腿；右腿屈膝腳跟抬起；同時，左手下落至左膝外側，手心向右；右手移至右胯旁，手心向左（圖 53）。

圖 54

（2）左腿微屈獨立，右腿屈膝上提（提膝高度因人而異），小腿垂直，腳尖上翹，腳跟下蹬；同時，右手從胯向側前、向上提至耳側，手心向左，指尖斜向後， 左手按於左胯旁；眼看前方（圖 54）。

圖 55

右金雞獨立　　（胸向南）

右腳稍向前落步，其他參照左勢（圖 55、56）。

図 56

圖 57

24．左右白鷺覓食

左白鷺覓食　（胸向南）

（1）左腳向後落步，重心後移至左腿；同時，上體微左轉，左手下落至右胸前，手心向下；右手舉至體右側前上方（偏西），手心向上；眼看右手（圖57）。

圖 58

（2）　上體繼續左轉，右腳後退一步，重心移至右腿；
同時，左手向下、向左、向後、向上劃弧至體左側上方，
手心向上；右手經體前向左劃弧至左胸前，手心向下；眼
看左手（圖 58）。

圖 59

（3）上體微右轉，左腳微後撤；同時，左手向上、向
右劃弧至右胸前，手心向下；右手向體右側上方劃弧，手
心向上（圖 59）。

圖 60

（4）上體微左轉，左腳後撤至右腳前，前腳掌虛著地；同時，左手向下，沿帶脈（腰帶部位）向左劃弧至左胯外側，手心向下；右手向上、向左、向下劃弧至左膝上，手心向下，指尖向左；接著兩腿屈膝下蹲（重心偏於右腿），上體前俯，右手向下沿左腿腓骨下按左腳面，指尖向左；與右手下按同步，左臂向後上方抬起，屈腕、手心向後上方，指尖向下（臂與手要與左腿在一條線上）；眼看右手（圖60）。

※ 俯身和手下按的深度要因人而異，年老體弱和高血壓病患者不要強求深度。

圖 61

右白鷺覓食　　（胸向南）

（1）上體直起，重心全部落至右腿；右手提至左膝上，左手臂外旋劃弧至體左側，腕與肩平，手心斜向上；同時，左腳後退半步，腳尖外擺約 45°，重心移至左腿，右腳撤至左腳前，前腳掌著地，隨之上體右轉俯身，左手下按，右手向後揚舉。其他動作參照右式（圖 61、62）。

圖 62

圖 63

25. 四面穿梭震腳 （東北、西南、東南、西北）

（1） 上體直起，向左轉體；右腳以前腳掌為軸，腳跟向外碾轉，重心移至右腿；左腳也以前腳掌為軸，腳跟抬起內碾成虛步；同時，右手先外旋再內旋，向右、向上、向左劃弧，手心向下；左手上提外旋，手心向上，兩手在右胸前成抱球狀（圖 63）。

圖64

（2）身體繼續左轉（胸向東北），隨即左腳向東北上步重心移至左腿；右腳跟步至左腳內側（腳尖約與左腳踝骨一齊。下同），腳不落地，膝微上提；同時，左臂內旋向上架於左額上方，手心向前，指尖斜向右上方；右手坐腕立掌，尖指朝上，手心偏向北，拇指貼近心窩，肘貼右脅，待重心穩定，快速發力推掌震腳（腳底展平，用虛腳彈震，身體不要有起伏；推掌發寸勁，不要牽拉身體晃動，下同）；眼向東北平視（圖64）。

圖 65

（3）身體移至右腿，左腳內扣，重心移至左腿，右腳跟內碾成虛步；同時，身體右轉，右手外旋置於左腹前，屈肘，手心向上；左手落於左胸前，屈肘，手心向下，兩手成抱球狀（圖65）。

圖 66

（4）身體繼續右轉（胸向西南），右腳向西南上步，重
心移至右腿，左腳跟至右腳內側，腳不落地，膝微上提；
右手架於右額上方，左手下落坐腕沿肋推掌震腳。其他參
照向東北的動作（圖 66）。

圖 67

（5）重心移至左腿，右腳內扣，體左轉（面向東南），
重心再移至右腿，左腳向東南上步，右腳跟步，推掌震腳
。其他動作與向東北同（圖 67、68）。

图 68

圖 69

（6）體右轉 180°（胸向西北），右腳向西北上步，左
腳跟步，推掌震腳。其他動作與東北轉向西南同（圖 69、
70）。

圖70

圖 71

26．雄鷹展翅

（1） 左腳向左（偏西南）斜跨一步，重心移向左腿
，約成左側弓步；同時，上體微左轉，面向西；右手從額
前向右、向下、向左劃弧至左膝上，手心向下；左手從胸
前向上（高不過頭）、向左、向下、向右劃弧至右手上 ，
手心亦向下，兩手相疊（圖 71）。

圖 72

（2）身體稍上起，重心微右移，體右轉，左腳尖內扣
；同時，兩手提至胸前，隨著轉體向左右劃弧展臂分掌（
掌高不過頭 ），當兩手分至體兩側時重心移至左腿，隨即
右腳提離地面並稍向北移，腳尖充分外撇落地，重心移向
右腿（胸向東北）（圖 72 ）。

圖 73

（３）身體再右轉，左腳以前腳掌為軸，腳跟向外碾轉，待左膝貼近右膝窩時，兩腿屈膝成歇步（重心偏於右腿）；同時，兩手從體兩側劃弧下落至右膝上，左手在上，手心均向下；身體也隨之稍微下降（胸向東）（圖 73）。

圖74

（4）身體稍上起，重心全部移至右腿，身體再右轉，隨著轉體左腳提離地面，繞右腳圓轉，腳尖內扣落於右腳左前方（右腳跟隨著向內碾轉），重心移至左腿；同時，兩手從胸前，分別向上（高不過頭）、向外、向下劃弧展臂下落至左膝上（左手在上，胸偏向南）；眼看前下方（圖74）。

　　※展臂分掌，要有飛翔之意。

圖 75

27. 左右通背擺蓮腳

（1）上體微右轉，右腳向西北撤步，重心移至右腿（胸向東南）；左腳微撤，腳掌虛著地，膝微上提；同時，左手向體左前上方，右手向體右後上方劃弧展臂分掌，左臂沉肩，肘部微屈，坐腕，手心向前，指尖向上，腕與肩平（左肘、膝上下相對）；右手臂內旋，屈肘，沉肩，手心向右（西），拇指在下，高與頭平；眼看左手（此為左通背）（圖 75）。

圖 76

（2）上體微右轉再向左轉，隨著體轉，左腳向右劃弧
經右腳內側向東北退一步，重心移至左腿；右腳微撤成虛
步，膝微上提；同時，左手向右、向下、向左劃弧舉於體
左側後上方；右手前伸至體右前上方。其他參照左勢（此
爲右通背）（圖76）。

圖 77

（3）身體先微左轉再右轉；同時，右腿屈膝上提，右腳
向左、向上、向右扇形踢擺（腿自然伸直，腳面繃平外旋）
，右手向左迎拍右腳外側，左手舉於體左上方，然後右腳落
至左腳內側（偏右）；兩手臂恢復左通背姿勢（圖 77、78）
。

図 78

圖 79

（4）重心移至右腿，身體先微右轉再左轉；同時，左
腿屈膝上提，左腳向右、向上、向左扇形踢擺；左手迎拍
左腳外側（圖 79、80）。

图 80

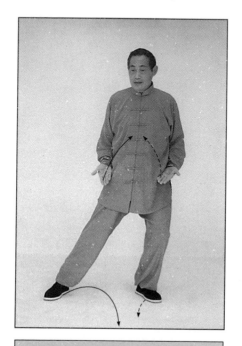

圖 81

　（5）擺腳後，左腳向體左側落步，重心移至左腿；兩
手從體兩側（偏後）先內旋後外旋劃弧下落至跨前，手心
向上，指尖向前（圖81）。

　※左、右擺連拍腳胸向南。

圖 82

28. 力撞金鐘　　（胸向南）

（1）右腳經左腳內側劃弧向前上步，重心移至右腿，左腿跟步；同時，兩手向前上方穿掌，肘微屈，兩手相距約 15 公分，手指尖高與肩平，手心向上；眼看兩手間（圖 82）。

圖 83

（2）左腳後撤，重心移至左腿，右腳撤步；同時，兩
手臂內旋握拳，拳心向下，屈肘收拳至兩胯前，轉拳心向
上；眼平視前方（圖 83）。

図84

（3）右腳上步，重心移至右腿，左腳跟步；兩拳內旋向前慢慢撞擊，兩拳相距約 15 公分，高與胸平，拳心向下，肘部微屈；眼看兩拳間（圖84）。

圖 85

29. 左右拉弓射箭

（1）上體微右轉（胸向西南），左腳向後（偏左）撤步，重心移至左腿，右腳微撤，腳掌虛著地，膝微上提；同時，兩拳變掌向上（高不過頭）、向右、向下（低不過腹）、向左劃圓，兩手至胸前再握拳，左拳內旋架於左額前，拳眼

圖 86

向下，高與頭平；右拳內旋由胸前向西南 45°伸出，肘微
屈（肘與右膝上下相對），拳眼斜向下，拳心向前；眼看
右拳（圖 85、86）。

圖 87

（2）身體微左轉（胸向東南）右腳經左腳內側劃弧向後（偏右）退一步，重心移至右腿，左腳微撤；同時，兩拳變掌向上、向左、向下至胸前再握拳，右拳內旋架於右額前，左拳內旋由胸前向東南 45°伸出。其他參照上勢（圖 87、88）。

圖88

圖 89

30．右左分腳

（1）上體微左轉，左腳稍微向前移步，重心移向左腿，右腳跟至左腳內側，成丁虛步（ 胸向東南 ）；同時，兩拳變掌從體前兩側劃弧下落至胸前，手心相對，指尖向上，坐腕，兩手相距約 15 公分（圖 89）。

圖 90

　　（２）左腿微屈站穩，右膝提起，右腳向西南慢慢踢出
，腳面展平，腿自然伸直（踢腳高度因人而異　）；同時，
兩手臂內旋如「單鞭勢」撐開，左手臂伸於左側（偏右）
，右手臂伸於右腿上方（肘、膝上下相對），兩肘微屈　，
腕與肩平，指尖向上；眼看右手（圖 90）。

圖91

（3） 上體微右轉（胸向西南）；同時，右腳和兩手收
回原位，重心移至右腿。接著右腿微屈站穩，左膝提起，
左腳向南慢慢踢出。其他參照右分腳（圖91、92）。

図92

圖 93

31. 轉身右左蹬腳

（1）左分腳完成後，身體右轉，左腿屈收，左腳落
於右腳外側，腳尖著地 （兩腿微屈交叉，右膝貼著左腿
膝窩）；同時，兩臂下落，兩手合於胸前（兩手相距約 15
~20 公分，胸向西）（圖 93）。

圖 94

（2）身體以兩前腳掌為軸，繼續右轉；兩手如同「合手勢」隨體轉動，當身體轉至約 360°時（面向東南）重心移至左腿，繼而身體稍微上起，右腿屈膝上提，小腿自然下垂，腳尖翹起向西南慢慢蹬腳（腿伸直，腳尖回勾）

圖 95

；同時，兩手臂內旋向左右撐開，肘部微屈，腕與肩平（
右肘、膝上下相對）；眼看右手（胸向西南）（圖 94、95）
。

圖 96

（3）身體微右轉，右腳和兩手落到原位（胸向西南）
，重心移至右腿，即可做左蹬腳（圖96、97）。

圖97

※分腳轉蹬腳也可不做轉身動作。

32.開合手　　（胸向南偏西）

　　左蹬腳完成後，左腳和兩手落到原位，接做「開合手」
，動作與第 4 式同（圖 98、99）。

图 99

圖 100

33. 左踐步打捶　　（胸向南）

（1）重心移至右腿，上體微左轉，左腳向左（偏北）
邁一步，腳跟著地；同時，左手向右，向下劃弧落至右
腹前，指尖向右，手心向下；右手臂外旋，稍向左，再
向手、向右上劃弧至右肩前，手心向上，腕與肩平；眼
看右手（圖 100）。

圖 101

（2）　身體左轉（胸向東），左腳尖外撇，全腳落地，
重心移至左腿屈膝弓步，右腿微屈；同時，上體前傾，右
手向上劃弧至頭右側，握拳屈肘，由上向前下方慢慢栽打
，拳眼向左，拳面向下（拳的落點與左腳內踝骨相齊，橫
向距離約 20 公分），與右拳下擊同步，左手向左繞腹劃弧
至體左側握拳置於左胯旁（屈肘，拳稍微上提），　拳眼向
裡，拳心向後；眼看右拳（圖 101）。

圖 102

34. 左震腳探馬勢　　（胸向東）

（1）　重心全部移至左腿，上體直起，右拳前舉，高
與腹平，拳心向下；同時，右腳移至左腳後不落地，膝稍
微上提（兩腳相距及橫向距離約 20 公分）；眼看右拳（圖
102）。

圖103

（２）右腳尖稍微外撇落地震腳，重心移至右腿；同時，右拳向前撩打，拳低於胸，接著臂外旋，拳變掌，手心向上，屈肘向腹前回收；左拳變掌，坐腕沿體中線向前上方推出，掌心向前，指尖斜向上，腕與胸平，隨著推掌左

圖 104

腳向前出虛步,前腳掌虛著地,膝微上提;眼看左手(圖
103、104)。

　　※震腳時,腳底展平,用虛腳彈震;震腳與撩掌要一致。

圖105

35. 右踐步打捶 （胸向西）

身體右轉， 左腳尖內扣；同時，左臂外旋，手心向上
，右臂內旋，手心向下，當胸轉向南時，重心移至左腿，
右腳向右（偏北）上步，即可做「右踐步打捶」，動作參
照左式（圖105、106）。

圖 106

圖 107

36. 右震腳探馬勢 （胸向西）

動作參照左式（圖 107、108）。

圖 108

圖 109

37. 開合手

　　身體以右前腳掌爲軸向左轉（胸向南稍偏西）；同時，右腳跟外碾，左腳跟內碾；兩手臂內旋，隨體轉動，左手臂稍微向下、向左、向上劃弧至胸前與右手合掌，兩臂屈

圖 110

肘，手心相對，指尖向上（兩手相距約 20 公分）；轉體後
重心移至右腿，左腳收至右腳內側，腳尖點地，接做「開
合手」，動作與第 4 式「開合手」同（圖 109、110）。

圖111

38. 左單鞭 （胸向南）

左腳向左橫跨一步，腳尖外擺約 45°落地，屈膝側，重心移向左腿，右腿自然伸直；同時，兩手坐腕向左右撐開，指尖向上，肘微屈，腕與肩平（兩肘與兩膝上下相對）（圖 111 ）。

圖 112

39. 右單鞭 （胸向南）

上體微左轉（胸向東南），重心移至左腿，右腳收至左腳內側，腳尖點地；同時，兩手收合於胸前，隨即右腳向右橫跨一步。其他動作參照「左單鞭」（圖 112、113）。

圖 113

圖 114

40. 雲手 （胸向南）

（1）上體微左轉，重心移至左腿，右腿收至左腳內側，腳不落地即返回原地；同時，右手向下、向左劃弧至左胸前，手心斜向下，左手稍微外伸，手心向外；眼看左手（圖 114）。

圖 115

（2）上體微右轉，重心移至右腿，左腳收至右腳內側
，腳不落地即返回原地；同時，右手（手心向外）向上（
高不過眉，下同）、向右劃弧至身體右前方，腕與肩平，指
尖向上；左手向下（低不過襠）、向右經腹前向上劃弧至右
胸前，手心斜向下；眼看右手（圖 115）。

圖116

（3）　上體微左轉，重心移至左腿，右腳收至左腳內側，腳不落地即返回原地；同時，左手（手心向外）向上、向左劃弧至身體左前方；右手向下、向左經腹前向上劃弧至左胸前，手心斜向下，其他同右雲手；眼看左手（圖116）。

如此再循環一次（如圖114、115）。

圖 117

41. 陰陽合一　（胸向南）

（1）上體右轉，重心移至右腿；右手向右胯後劃弧，手心向下，左手臂外旋，向體左前方劃弧，手心向上；同時，左腳向右、向前劃弧上步；眼看左手（圖 117）。

圖 118

（2）重心前移至左腿，右腳跟步；同時，左手臂內旋握拳屈肘於體前，拳心向下；右手臂外旋在腰間握拳，拳心向上，拳眼向外，隨著重心前移和右腳向前跟步，右拳前伸至左臂上，兩拳高約與胸平（左拳內收與右拳前要伸一致）；眼看右拳（圖 118）。

圖 119

（3）上體微微右轉，右腳後撤，腳尖外擺約 45° 落地，
重心後移向右腿，左腳微撤，腳尖虛著地；同時，左拳外旋
，兩拳心均向上，兩拳向裡挽，交叉於胸前，拳心對胸，左
拳在外，兩肘下垂（圖 119）。

圖 120

（4）右腿屈膝坐胯，左腳收至右腳內側，腳尖外擺約 45°落地，兩腳跟相觸，重心移至兩腿間；同時，兩拳再向裡挽，兩拳和臂內旋，下落至腹前，兩腕交叉相疊，右腕在上，拳心均向下（圖 120）。

圖 121

42．收勢

（1）兩拳變掌（手心向下），向左右劃半圓至兩胯外側，兩手外旋，轉手心向上，隨著身體慢慢直立，兩手從腰間向體前上方伸舉，指尖向上，腕與肩下（圖121、122）。

图 122

圖 123

　　（2）兩手向體兩側分開成約半圓形（沉肩，肘部微屈）
，兩手心斜向上；接著兩手手指領先向頭上合攏（兩手、
臂在頭上合圓為好）（圖 123）。

圖 124

　　（3）兩手從頭上（手心向下）經額前（兩手貼近面部）
下落至胸前轉手心向內（拇指在上），下落至肚臍（丹田）
（圖 124）。

圖 125

（4）兩手轉手心向下，左右分開至體側，然後兩手臂外
旋側掌前摟（摟圓為好），隨後兩手同時內收輕輕貼於肚臍
上（圖 125、126）。

图 126

圖127

（5）兩手沿帶脈（腰帶部位）左右分開，向下落至大
腿外側（恢復起勢姿勢）；眼平視前方（圖127）。

圖 128

收勢後，接做「頂天立地」，即：頭上頂，兩手下伸
，兩腳跟提起，兩前腳掌著地，身體盡量拔抻，然後頭
不鬆頂，兩腳跟下落（身體有拔長感），如此連續三次（
個人演練也可以多做幾次）；眼向前平視（圖128、129）
。

圖129

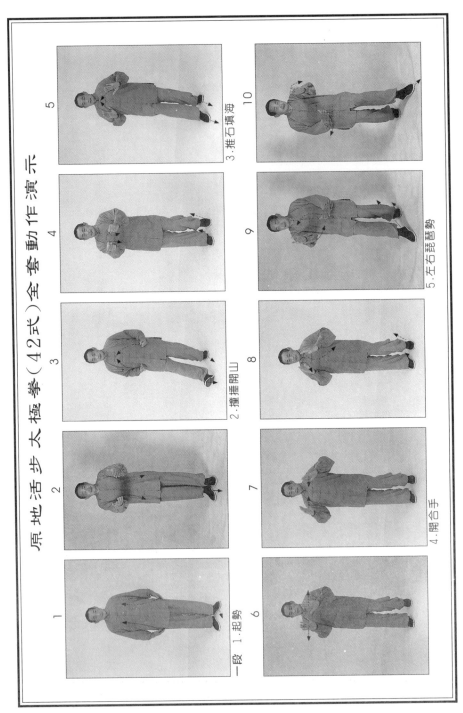

原地活步太極拳（42式）全套動作演示

一段 1.起勢 2.捶捶開山 3.推石填海 4.開合手 5.左右琵琶勢

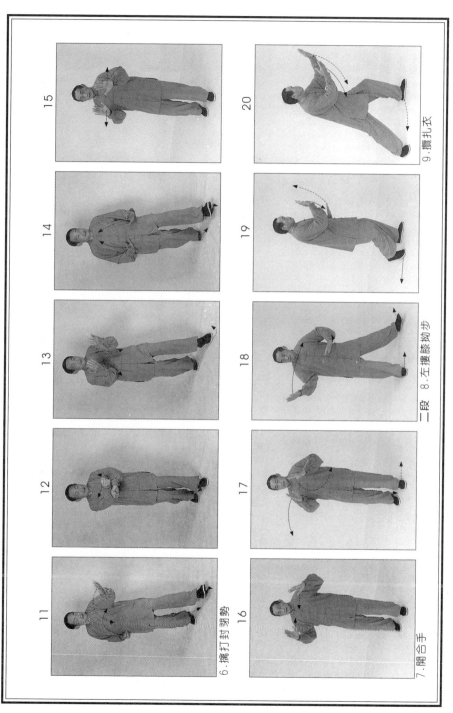

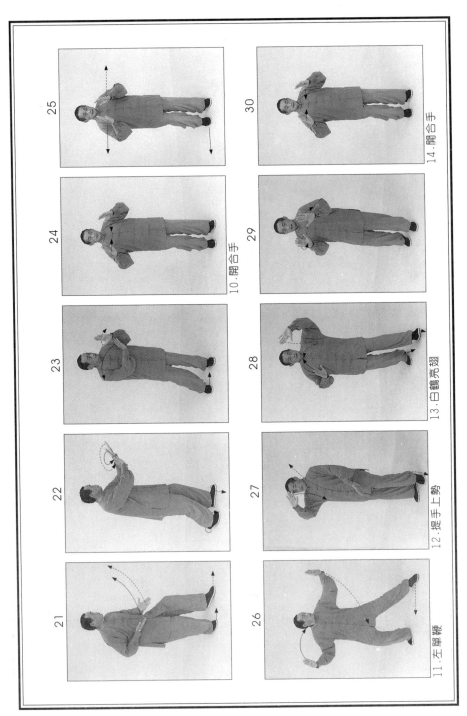

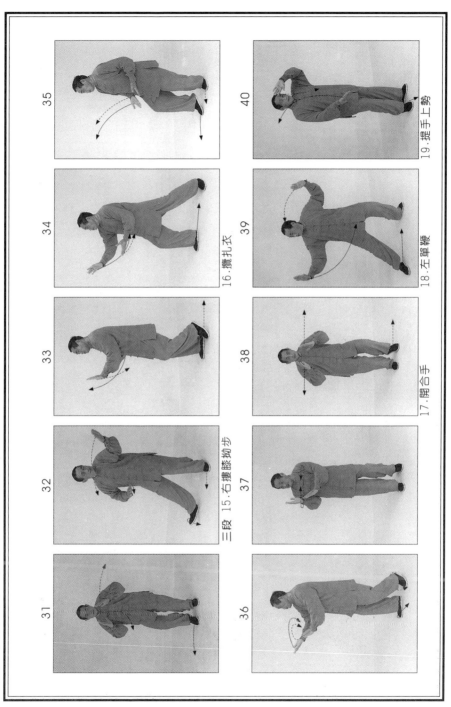

三段 15·右摟膝拗步

16·攬扎衣

17·開合手

18·左單鞭

19·提手上勢

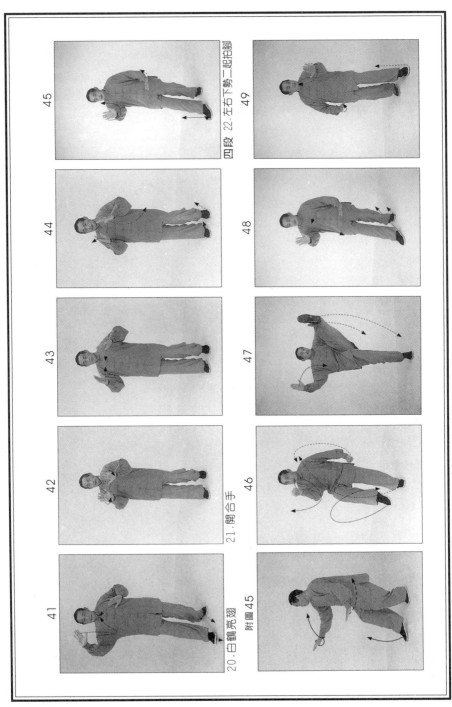

四段 22.左右下勢二起拍腳

20.白鶴亮翅　21.開合手

附圖45

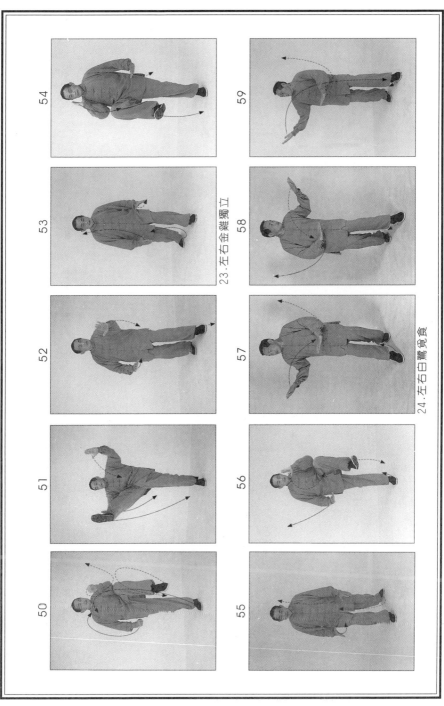

23.左右金雞獨立

24.左右白鶴食食

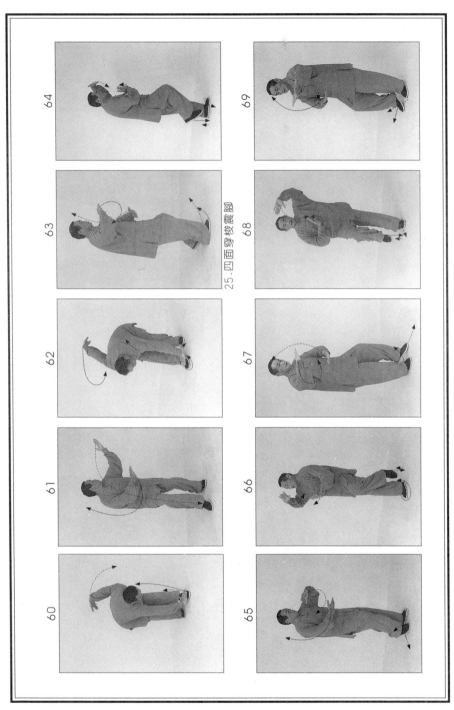

25. 四面穿梭震脚

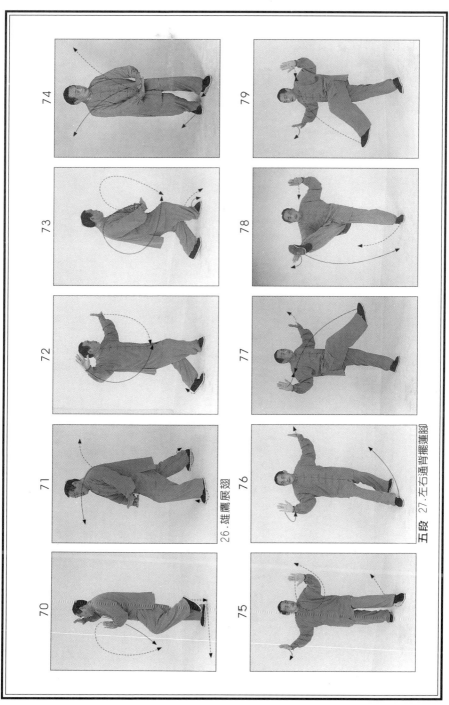

五段 27.左右通背擺蓮腳

26.雄鷹展翅

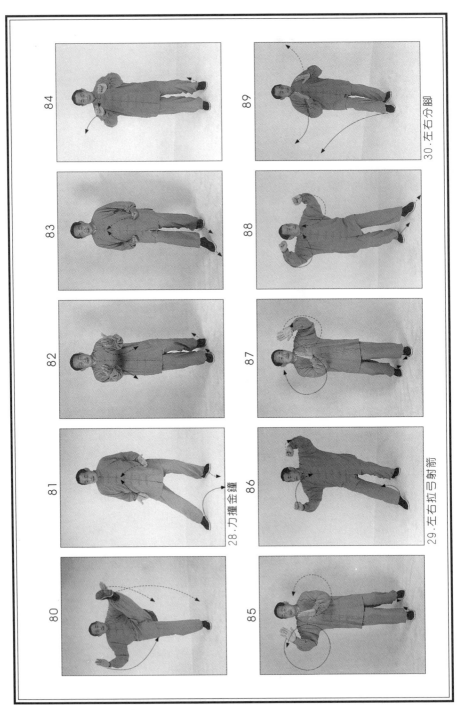

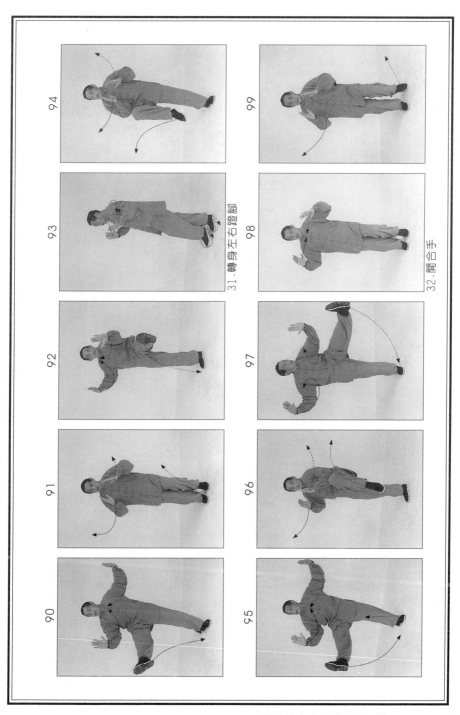

31.轉身左右蹬腳

32.開合手

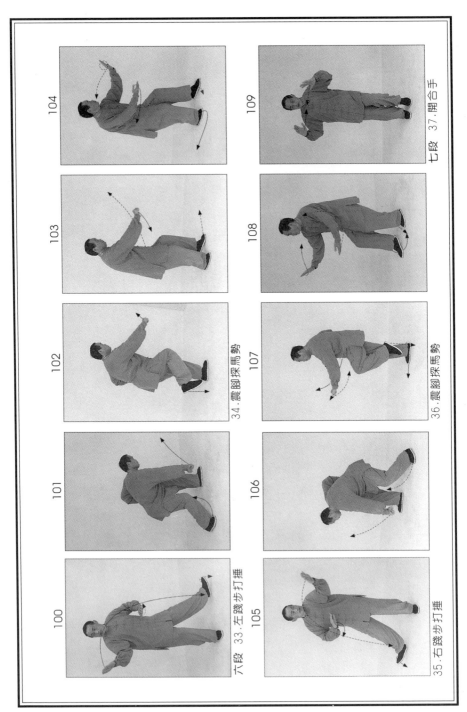

七段 37.開合手

36.震腳探馬勢

34.震腳探馬勢

六段 33.左踐步打捶

35.右踐步打捶

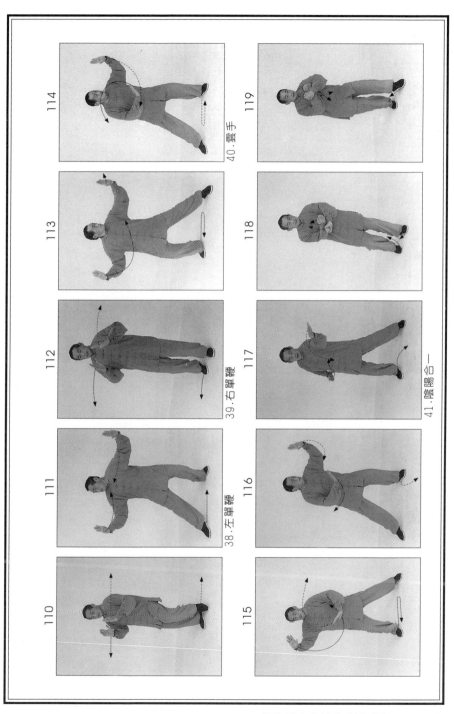

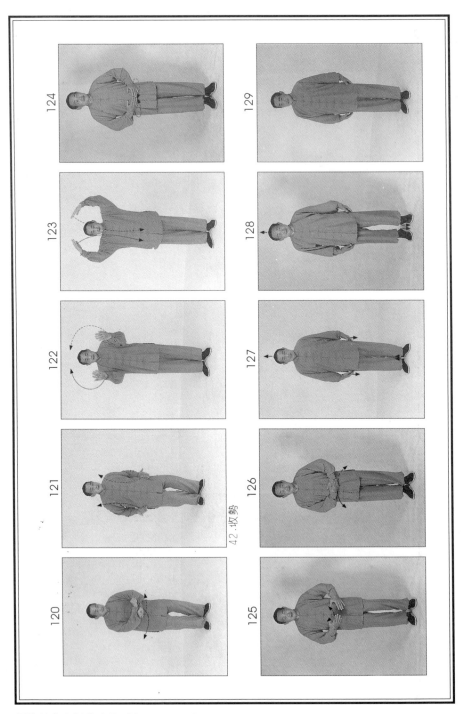

42. 收勢

·武 術 特 輯· 電腦編號 10-

1.	陳式太極拳入門	馮志強編著	180 元
2.	武式太極拳	郝少如編著	150 元
3.	練功十八法入門	蕭京凌編著	120 元
4.	教門長拳	蕭京凌編著	150 元
5.	跆拳道	蕭京凌編譯	180 元
6.	正傳合氣道	程曉鈴譯	200 元
7.	圖解雙節棍	陳銘遠著	150 元
8.	格鬥空手道	鄭旭旭編著	200 元
9.	實用跆拳道	陳國榮編著	200 元
10.	武術初學指南	李文英、解守德編著	250 元
11.	泰國拳	陳國榮著	180 元
12.	中國式摔跤	黃 斌編著	180 元
13.	太極劍入門	李德印編著	180 元
14.	太極拳運動	運動司編	250 元
15.	太極拳譜	清·王宗岳等著	280 元
16.	散手初學	冷 峰編著	180 元
17.	南拳	朱瑞琪編著	180 元
18.	吳式太極劍	王培生著	200 元
19.	太極拳健身和技擊	王培生著	250 元
20.	秘傳武當八卦掌	狄兆龍著	250 元
21.	太極拳論譚	沈 壽著	250 元
22.	陳式太極拳技擊法	馬 虹著	250 元
23.	三十四式太極劍	闞桂香著	180 元
24.	楊式秘傳 129 式太極長拳	張楚全著	280 元
25.	楊式太極拳架詳解	林炳堯著	280 元
26.	華佗五禽劍	劉時榮著	180 元
27.	太極拳基礎講座：基本功與簡化 24 式	李德印著	250 元
28.	武式太極拳精華	薛乃印著	200 元
29.	陳式太極拳拳理闡微	馬 虹著	350 元
30.	陳式太極拳體用全書	馬 虹著	400 元

·原地太極拳系列· 電腦編號 11

1.	原地綜合太極拳 24 式	胡啟賢創編	220 元
2.	原地活步太極拳 42 式	胡啟賢創編	200 元
3.	原地簡化太極拳 24 式	胡啟賢創編	200 元
4.	原地太極拳 12 式	胡啟賢創編	200 元

·勞作系列· 電腦編號 35

1.	活動玩具ＤＩＹ	李芳黛譯	230 元
2.	組合玩具ＤＩＹ	李芳黛譯	230 元
3.	花草遊戲ＤＩＹ	張果馨譯	250 元

國家圖書館出版品預行編目資料

原地活步太極拳 42 式 / 胡啓賢編. －初版－
臺北市：大展 ， 民 89
面 ； 21 公分 --（原地太極拳系列；2）
ISBN 957-468-026-6（平裝）

1. 太極拳

528.972　　　　　　　　　　　　89011635

北京人民體育出版社授權中文繁體字版

原地活步太極拳 42 式　ISBN 957-468-026-6

創 編 者 / 胡 啓 賢
策　　　劃 / 鄭 小 鋒
責任編輯 / 秦　　燕
發 行 人 / 蔡 森 明
出 版 者 / 大展出版社有限公司
社　　　址 / 台北市北投區（石牌）致遠一路 2 段 12 巷 1 號
電　　　話 /（02）28236031・28236033・28233123
傳　　　真 /（02）28272069
郵政劃撥 / 01669551
E - mail / dah-jaan@ms9.tisnet.net.tw
登 記 證 / 局版臺業字第 2171 號
承 印 者 / 高星印刷品行
裝　　　訂 / 日新裝訂所
排 版 者 / 千兵企業有限公司
初版 1 刷 / 2000 年（民 89 年）10 月
初版發行 / 2000 年（民 89 年）12 月

定價 / 200 元